春畑セロリのきまぐれんだん

Dad, You Have Whipped Cream on Your Beard New

アンコールつき

2人4手連弾

春畑セロリ作曲
Céleri Haruhata

音楽之友社

パパ、おひげに生クリームついてるよ New
Dad, You Have Whipped Cream on Your Beard New

アンコールつき
2人4手連弾

もくじ

ママ、まだおこってる？	Mom, are you still upset with me?	3
パパ、おひげに生クリームついてるよ	Dad, you have whipped cream on your beard	8
パパ、恐竜って強かった？	Dad, were dinosaurs so strong?	12
ママ、カンガルー飼いたいな	Mom, I want to have a kangaroo	16
パパとママが出逢った頃は	When My Mom and Dad Met Each Other	26

パパ、おひげに生クリームついてるよ New

こどもたちが大人にいいたいことは、いっぱいある！
好きなものをおねだりしたり、遊びに誘ったり、お話をせがんだり、ちょっとゴキゲンをうかがったり。

大人たちは、大人のようで、実はあんがい、ヘマをしたり、すねたり、うろたえたり、ションボリしたりしています。
だって昔、こどもだったんですもの。

そんな、ほのぼの家族を想像してください。
あなたのママでもいいし、友だちのパパでもいいし、空想の家族でもいいですよ。

素直で、ちょっと意地っ張りで、でも、かわいい家族がいいなぁ。

この版から、パパとママの小さな想い出がそっと付け足されているので、アンコール曲にしてくださいね！

Dad, You Have Whipped Cream on Your Beard New

Kids have many things to say to their mom and dad!
"Give me something sweet!" "Let's go out to play, dad!" "Tell me a story." "Are you ok, mom?"

Mom and dad look adults. But actually they sometimes make mistakes.
They also sulk. They get confused and feel sad as well.
Because they used to be children at one time.

Let's imagine a lovely family.
You can think of your own mom and dad, your friend's parents or just an imaginary family.

The members are honest but sometimes stubborn. Such a family would be charming!

In this new edition, I secretly added a little memory between mom and dad as an encore piece.

ママ、まだおこってる？
Mom, are you still upset with me?

春畑セロリ　作曲
Céleri Haruhata

8

パパ、おひげに生クリームついてるよ
Dad, you have whipped cream on your beard

春畑セロリ　作曲
Céleri Haruhata

© 2009 by ONGAKU NO TOMO SHA CORP., Tokyo Japan.

パパ、恐竜って強かった？

Dad, were dinosaurs so strong?

春畑セロリ　作曲
Céleri Haruhata

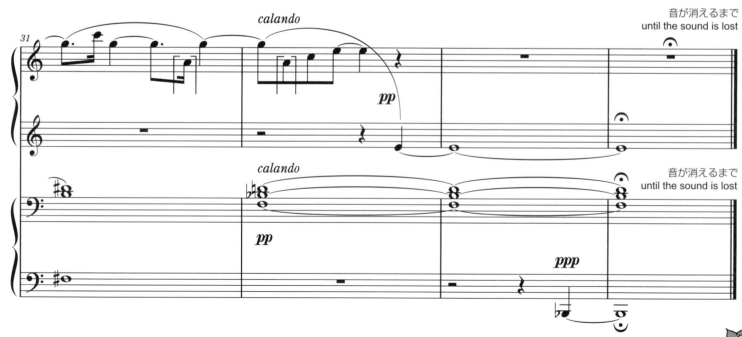

ママ、カンガルー飼いたいな

Mom, I want to have a kangaroo

春畑セロリ　作曲
Céleri Haruhata

© 2009 by ONGAKU NO TOMO SHA CORP., Tokyo Japan.

パパとママが出逢った頃は
When My Mom and Dad Met Each Other

春畑セロリ　作曲
Céleri Haruhata

© 2016 by ONGAKU NO TOMO SHA CORP., Tokyo Japan.

春畑セロリ（はるはた せろり）

鎌倉生まれ、横浜育ち。東京芸術大学作曲科卒業。舞台、映像、出版のための作編曲、執筆、プロデュースなど、精力的に活動中。さすらいのお気楽者。
主な著作楽譜に、「できるかなひけるかなシリーズ」「連弾パーティーシリーズ」「きまぐれんだんシリーズ」（以上、音楽之友社）、ピアノ曲集「ぶらぶ～らの地図」（全音楽譜出版社）、こどものためのピアノ曲集「ひなげし通りのピム」（カワイ出版）、「春畑セロリの連弾アラカルト」「ちびっこ・あんさんぶるシリーズ」（以上、ヤマハミュージックメディア）。児童合唱曲に「キャプテン・ロンリーハート」「雨の樹のドラゴン」（教育芸術社）。書籍に「白菜教授のミッドナイト音楽大学」（あおぞら音楽社）などがある。
http://www.trigo.co.jp/celeri/

Céleri Haruhata

Céleri Haruhata was born in old historic town Kamakura, and brought up in bustling port town Yokohama. She studied composition at Tokyo University of the Arts and now she mainly composes music for stage, film, and publishing industry. In addition, she is also active as a music arranger, producer and writer. She is fond of describing herself as 'a wandering optimist.'
Her major piano works include *Dekirukana Hikerukana* [*Can You Do It? Can You Play It?*] series, *Piano Duo Party* series, *Céleri's Capricensemble* series (Ongaku no Tomo She Corp.), *A Map of BRAVURA* (Zen-On Music Company Ltd.), *Pim on Corn Poppy Street* (edition KAWAI), *Céleri HARUHATA's A La Carte for Piano Duo*, and *Kids Ensemble* series (Yamaha Music Media Corporation), among others. Her chorus writings for children include *Captain Lonely Heart*, and *Ame no Ki no Dragon* [*A Dragon of A Rainy Tree*](Kyoiku-Geijutsu Sha Co., Ltd.). She also published a book *Professor HAKUSAI's Midnight Music College* (Aozora Ongaku Sha).
http://www.trigo.co.jp/celeri/

皆様へのお願い
　楽譜や歌詞・音楽書などの出版物を権利者に無断で複製（コピー）することは、著作権の侵害（私的利用など特別な場合を除く）にあたり、著作権法により罰せられます。また、出版物からの不法なコピーが行われますと、出版社は正常な出版活動が困難となり、ついには皆様方が必要とされるものも出版できなくなります。
　音楽出版社と日本音楽著作権協会（JASRAC）は、著作者の権利を守り、なおいっそう優れた作品の出版普及に全力をあげて努力してまいります。どうか不法コピーの防止に、皆様方のご協力をお願い申し上げます。
　　　　　　　株式会社 音楽之友社
　　　　　　　一般社団法人 日本音楽著作権協会

LOVE THE ORIGINAL
楽譜のコピーはやめましょう

春畑セロリのきまぐれんだん　パパ、おひげに生クリームついてるよ New　2人4手連弾
2016年8月10日　第1刷発行

作曲者　春畑セロリ
発行者　堀内久美雄
発行所　株式会社 音楽之友社
　　　　東京都新宿区神楽坂6の30
　　　　電話 03(3235)2111(代)　〒162-8716
　　　　振替 00170-4-196250
　　　　http://www.ongakunotomo.co.jp/

438883

© 2016 by ONGAKU NO TOMO SHA CORP., Tokyo, Japan.
落丁本・乱丁本はお取替いたします。
Printed in Japan.

楽譜浄書：中野隆介
装丁：伊藤克博
イラスト：スダナオミ
翻訳：飯田有抄
印刷／製本：(株)平河工業社

春畑セロリの きまぐれんだんシリーズ

かつて、こんなに楽しい、多人数で弾くピアノ・アンサンブルがあったでしょうか！？ 3人6手連弾、8人8手連弾、そして、普通の2人4手連弾まで、さまざま取り揃えました。もちろん、初心者でもこの楽しさを知ってもらえるようにと、1本指だけで弾けるとてもやさしいアンサンブル曲も用意しました。究極のピアノ・アンサンブルが詰まったユニークな曲集です。

いっぽん！チャチャチャッ
1本指でも、ピアノ1台でも、初心者でも楽しめる合奏って？
春畑セロリ 編
菊倍判・64頁 ISBN978-4-276-43879-8

いっぽんでもばんそう／Happy Birthday to You／そう、そう、そうなの。／空のワルツ／いってらっしゃいダーリン／その音どの音？〜その音どれ？どの音それ？〜／美しく青きドナウ／四羽の白鳥の踊り／ふるさと・オン・マイ・マインド／草競馬／子守唄・子守唄・子守唄／威風堂々／ボギー大佐／ラ・クンパルシータ／テキーラ／Smoke on the Water／We are the Champions／野ばらラグ／アメイジング・グレース／もろびとロックこぞりて／きよしこの夜／ワーグナーの結婚行進曲／メンデルスゾーンの結婚行進曲／大きな古時計／あんたがたどこさ／エンターテイナー／ラ・カンパネラ／コロブチカ／アイ・ガット・リズム／卒業写真／ロンドンデリーの歌／歓喜の歌／パッヘルベルのカノンか？

われら！ピアノ・ルーキーズ・バンド
1本指でも、ピアノ1台でも、初心者でも楽しめる合奏って？
春畑セロリ 編
菊倍判・64頁 ISBN978-4-276-43887-3

スマイル／愛の夢／どうして どうして／そぉっと そぉっと／アニー・ローリー／いつか王子様に／サンタ・ルチア／アルプス一万尺／明日があるさ／こげよマイケル／ずいずいずっころばし／もりのくまサンバ／もりのくましゃんソン／授業、始まっチャイム／愛の挨拶／四季より「春」／家路／時の踊り／パフ／エル・チョクロ／スワニー・ボサ／夢の中へ／グリーンスリーブス／チャイコフスキーのピアノ協奏曲 op.23／チャレンジショパン！バラード第1番 op.23／チャレンジショパン！ノクターン遺作／チャレンジショパン！英雄ポロネーズ op.53／モルダウ／ワルツ・ゴー・ラウンド／蛍の光〜お別れするのはつらいけど〜

いっぽんでもごちそう New
春畑セロリ 作曲
菊倍判・48頁 ISBN978-4-276-43888-0

5人5指連弾

5にん5ほんで、5あいさつ／おやゆびラグ／ひとさしゆびサンバ／なかゆびタンゴ／くすりゆびボサ／こゆびワルツ／ファイブ・フィンガー・マーチ

パペット・レボリューション New
春畑セロリ 作曲
菊倍判・40頁 ISBN978-4-276-92194-8

8人8手連弾

顔の大きなドンクー大佐／毛糸の帽子のエンジェル／えいやっと！／オレンジマウス"ジョン・カブレッグ"／ホチキス＆ケシゴム・ダンサーズ／にっぽん、がんば！

さよなら夏休み New
春畑セロリ 作曲
菊倍判・24頁
ISBN978-4-276-92196-2

3人6手連弾

まねっこキュータロー／チーム"くつみがき"／海から吹く風／パパママ宿題隊／冥王星博士／ピーマン・ブギ／眠りたくない夜には／夢の向こうの線香花火

パパ、おひげに生クリームついてるよ New
春畑セロリ 作曲
菊倍判・32頁
ISBN978-4-276-92197-9

2人4手連弾

ママ、まだおこってる？／パパ、おひげに生クリームついてるよ／パパ、恐竜って強かった？／ママ、カンガルー飼いたいな／パパとママが出逢った頃は

連弾パーティーシリーズ

クラシックの名曲をピアノ連弾にアレンジ！4手、6手、3人3手、はたまた、4人以上で弾くリレー連弾など、みんなでアンサンブルが楽しめます。原曲に忠実なアレンジから、ぶっとんじゃってるアレンジまで、ただの連弾じゃないところが、春畑セロリ流です。

オリジナルピアノ作品集

バッハ連弾パーティー
菊倍判・80頁
ISBN978-4-276-43870-5

モーツァルト連弾パーティー
菊倍判・80頁
ISBN978-4-276-43871-2

ベートーヴェン連弾パーティー
菊倍判・88頁
ISBN978-4-276-43872-9

シンフォニック連弾パーティー
菊倍判・88頁
ISBN978-4-276-43873-6

ダンシング連弾パーティー
菊倍判・76頁
ISBN978-4-276-43874-3

ぴあの・らくがき・だいありー
今日の気持ちを弾いてみよう
菊倍判・48頁
ISBN978-4-276-45630-3